영생을 주는 소녀

3

IVP(InterVarsity Press)는
캠퍼스와 세상 속의 하나님 나라 운동을 지향하는
IVF(InterVarsity Christian Fellowship)의 출판부로
생각하는 그리스도인을 위한 문서 운동을 실천합니다.

3

영생을 주는 소녀

글 김민석
그림 안정혜

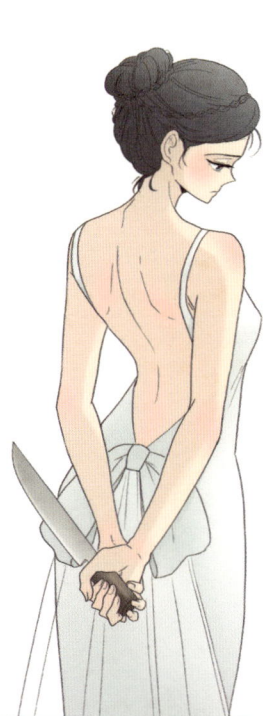

IVP

차례

주요 등장 인물   005

1화   홀리 마인드   006

2화   거룩한 지하실   054

3화   기가 막힌 동지   090

4화   갈림길   128

5화   내가 해냈는데   158

6화   고립   186

7화   결혼식   216

8화   무너질지어다   252

9화   거짓 세계   276

주   315

주요 등장 인물

장환
'에뷰'을 설립한 회장.
인류의 유전적 진보를 위한 거대한 프로젝트를
진행하고 있다.

이도연
'에뷰'의 대표이사이지만,
장환 회장에게 동생 이수연과 동일한 심리 조작을 당하며
곤경에 빠진다.

윤다라
이도연을 통해 인간의 변화를 꿈꾸게 된 개발자.
자신이 설계한 새로운 '토브'를 세상에 내놓고 싶어
하지만, 도리어 이도연과 부딪히기 시작한다.

1화

홀리 마인드

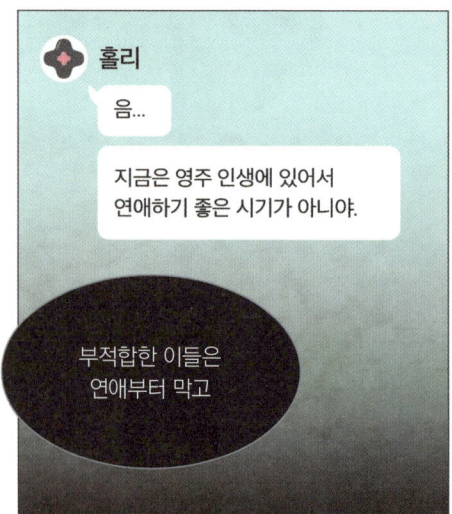

유전자란 본래
이기적이라고 하지만…

더 이기적이고
더 똑똑해지는 것이지.

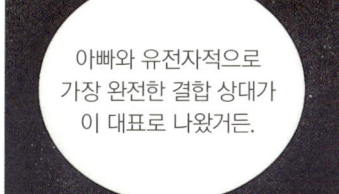

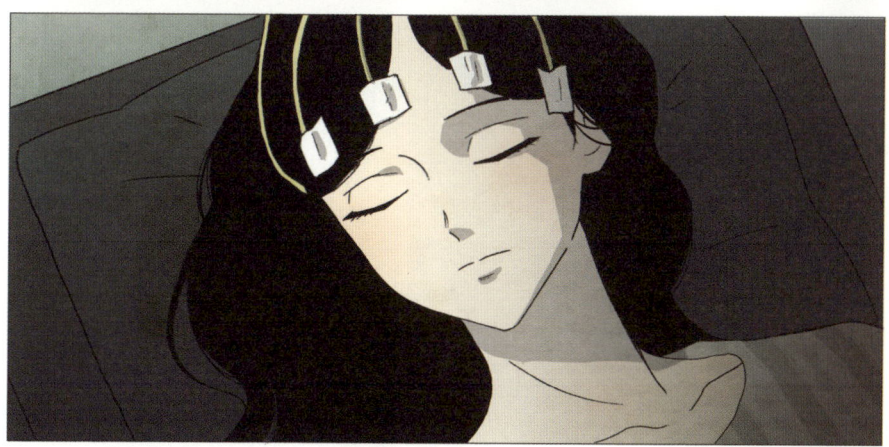

이도연 대표님, 잘 주무셨어요?

아… 안녕하세요.

고생했어, 이 대표.

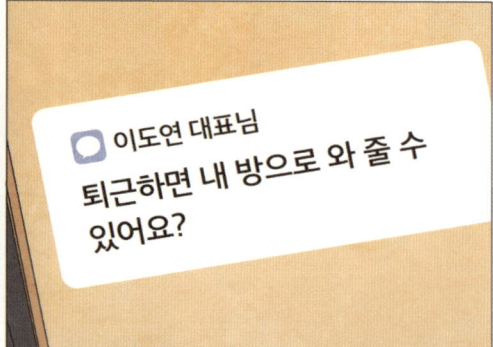

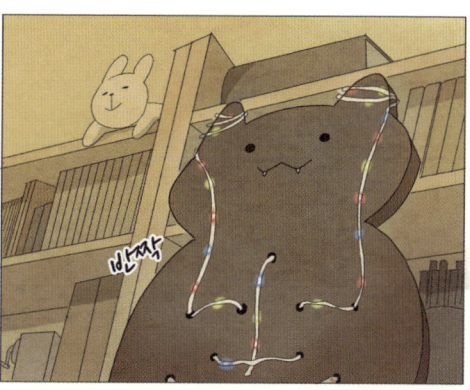

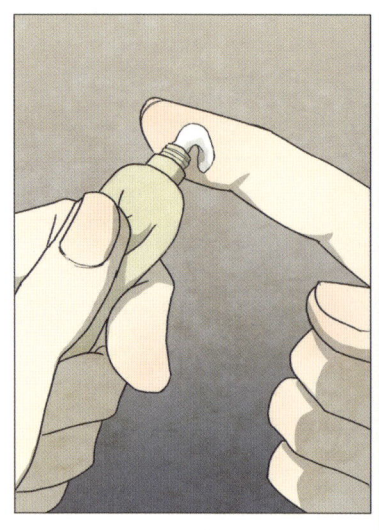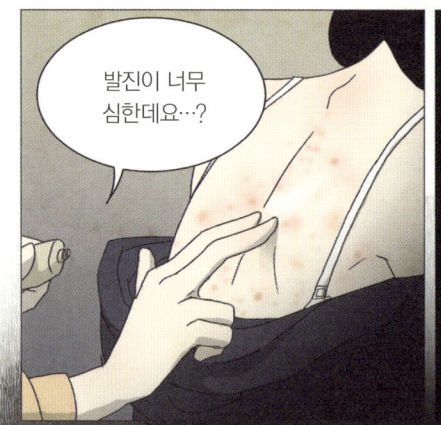

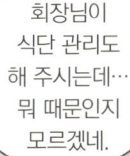

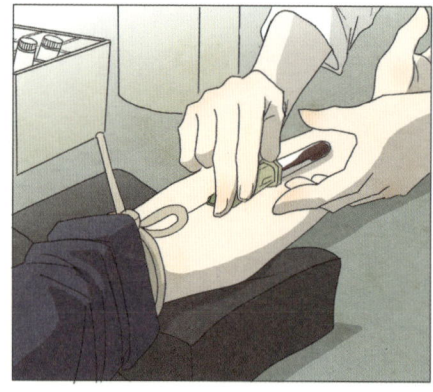

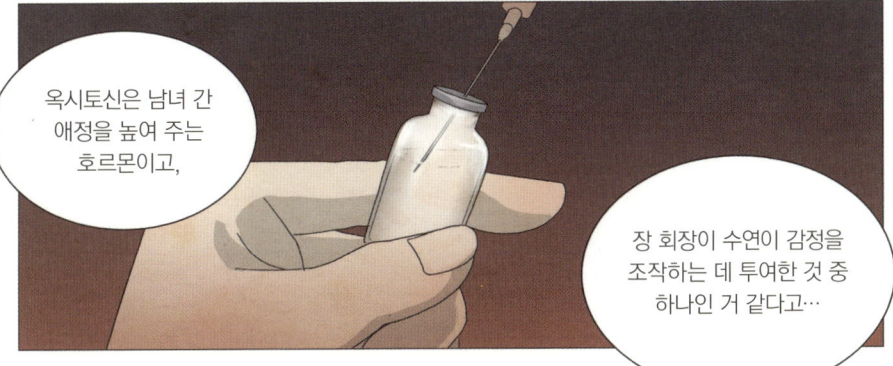

그렇게 되면…
내 편이 되어 줄 사람이
필요해지겠죠.

절실하게.

여기 있잖아요,
대표님 편!

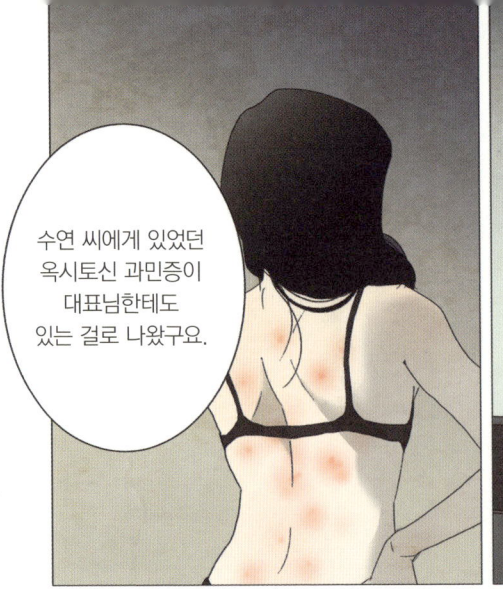

2화

거룩한 지하실

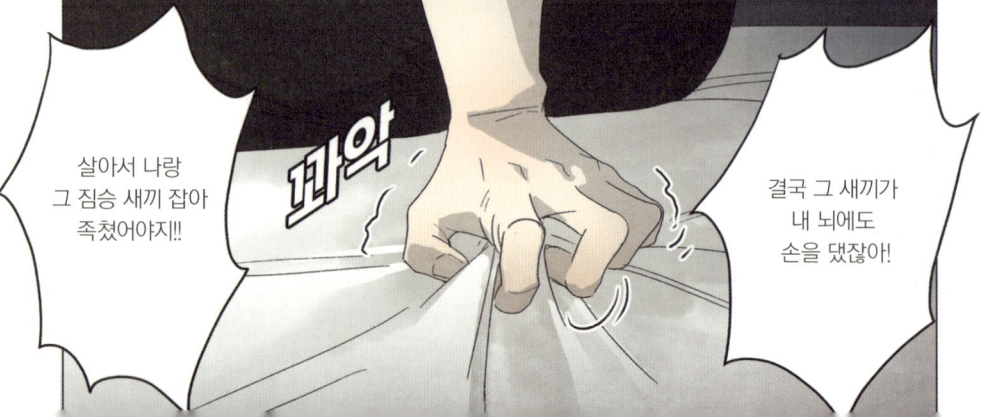

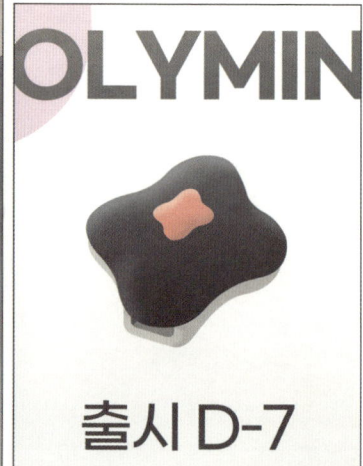

두 시간 뒤에 내 집무실에서 봐요.

디모데도 왔네요?

오늘은 우리 세 사람을 위한 중요한 날이라서.

대체 여긴…

탁

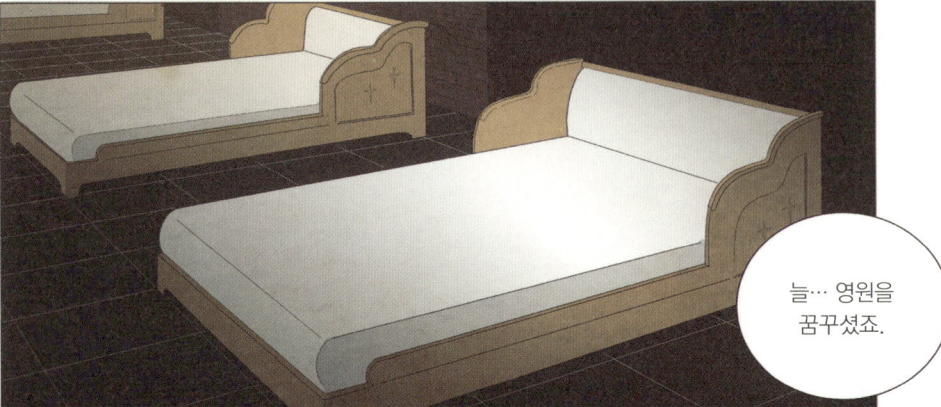

늘… 영원을 꿈꾸셨죠.

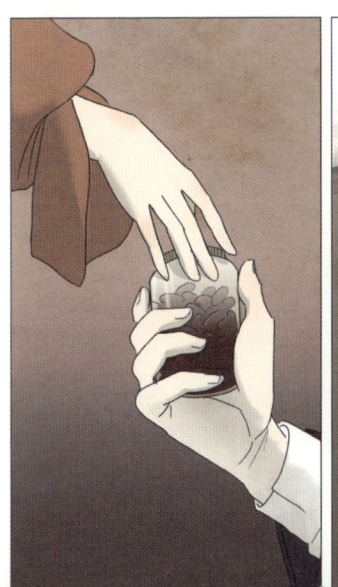

청혼 받아들일게요.

진심인가?

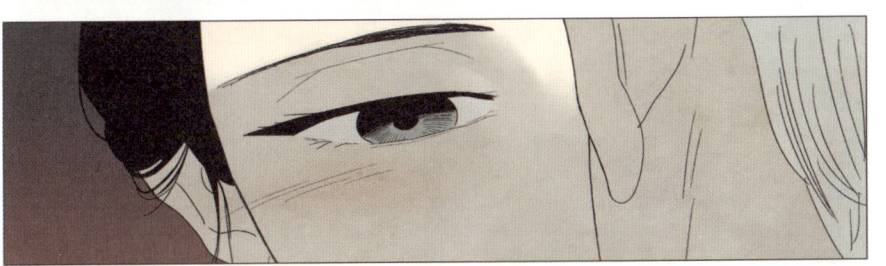

그때 직원들 앞에서 작은 결혼식을 올리자.

네.

그리고 결혼식 후에 이 대표와 나는 이 홀리룸으로 내려와서

같이 영생약을 투약하면서

새로운 세상을 시작하는 의식을 치르자고.

처벌이라면…

…뭔지 알잖아요?

영생 지옥.

사람이 느끼는 통증 중 최악이 작열통이라고 한다.

즉, 불에 타는 고통.

이도연 대표님은 토브를 바로 그 '작열통' 구현에 사용하신 적이 있다.

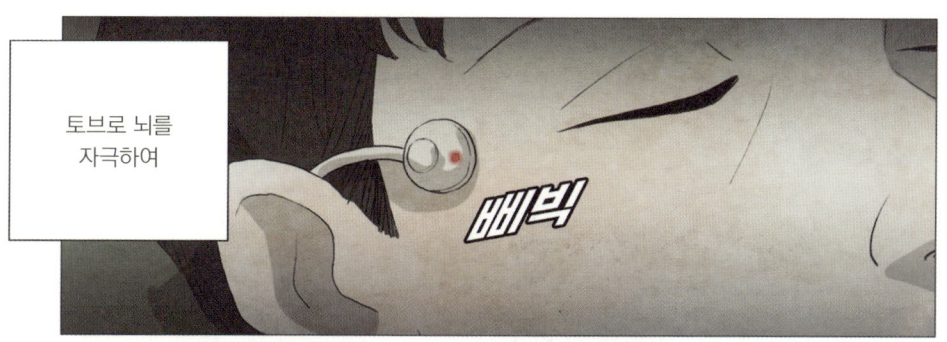

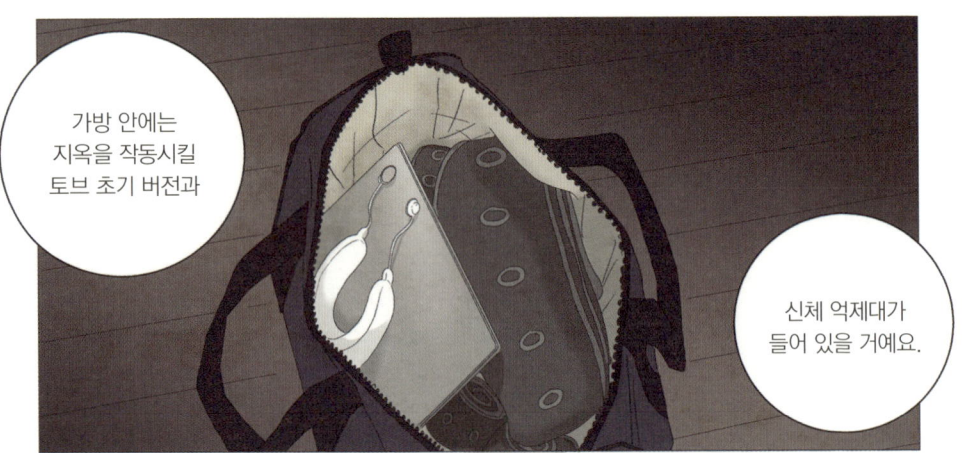

다라 씨…?

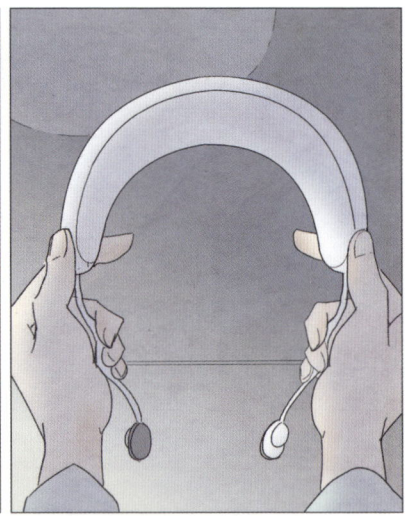

3화

기가 막힌 동지

장지오 목사님.

내가 설계한 새 토브의 첫 베타 테스터.

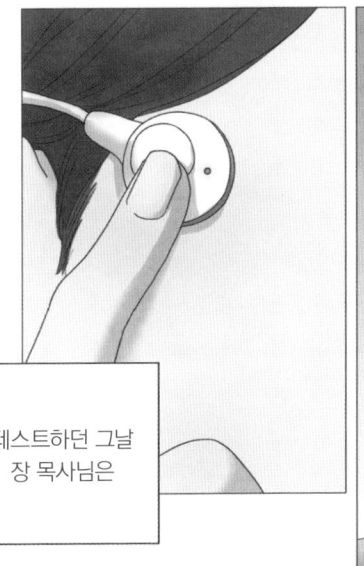

테스트하던 그날 장 목사님은

많이 울었다.

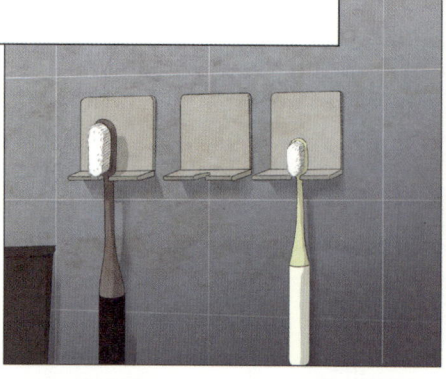

받을 돈을 빼앗듯 챙겨 급히 자리를 떴다고 한다.

그 일진 놈… 피해 학생을 더 이상 쳐다보지를 못하더라고요.

이거 제대로 작동해요, 다라 씨! 제품화 들어가 봐요!

이거 제품화 못 해요.

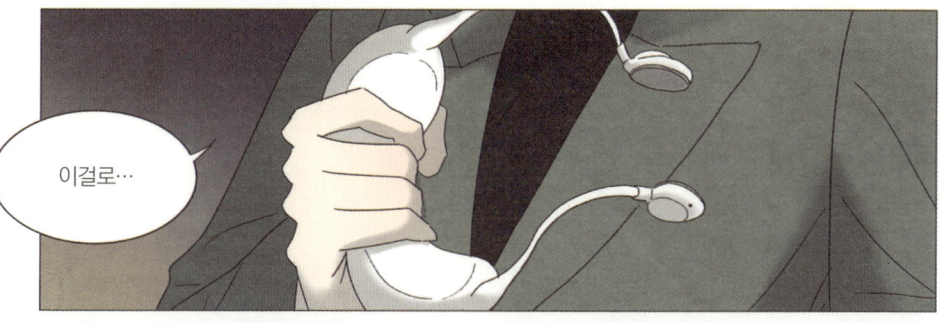

엄마랑 나한테도.

아, 그리고 이거.

윤민후 목사의 위치가 추적되는 단말기예요.

요한한테는 얘기해 둘 테니, 윤 목사한테 접근할 땐 요한이랑 같이 가요. 위험할 수 있으니…

그럼 목사님은요?

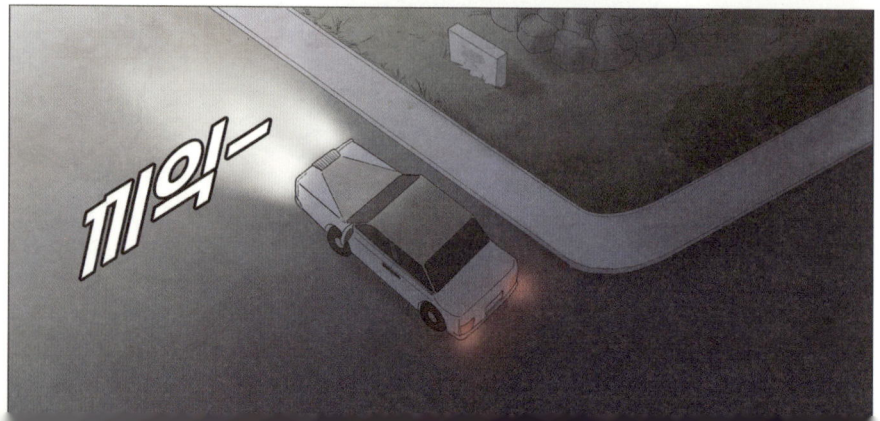

정신 병원에 입원하기 전에 말이야,

이 대표는 내 마음 건강 기기 홀리 마인드를 아주…

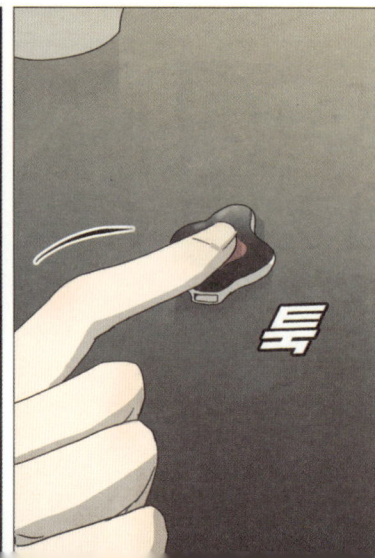

지금은?
아무 거리낌이
없나?

네.

사람 생각이
그리 쉽게
바뀌나?

ㅎㅎ…
생각까지
바뀌어
버릴 정도로…

제가 회장님을
너무 사랑하나 보죠.

사랑해요.

피식

아읏!

왜 그래?

등에 발진이 좀 나서…

옥시토신 과다 사용으로 인한 부작용이라더군요…?

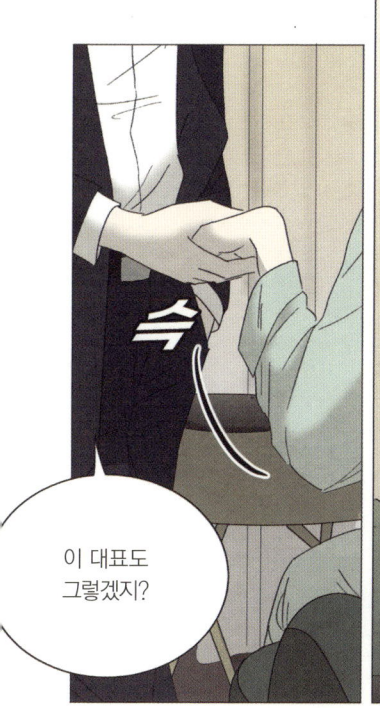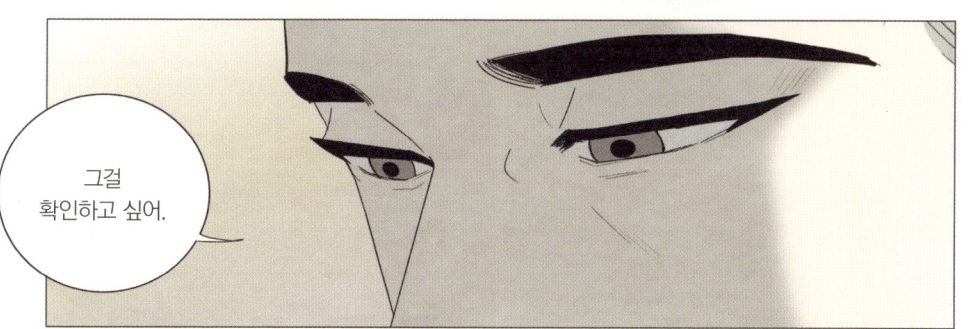

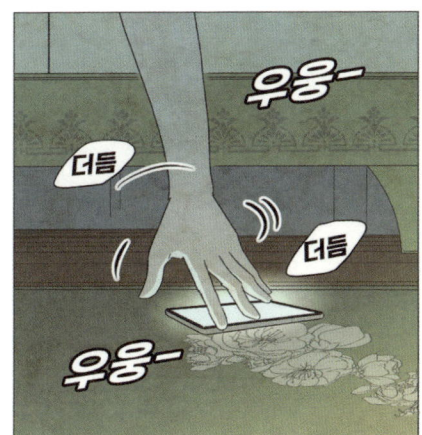

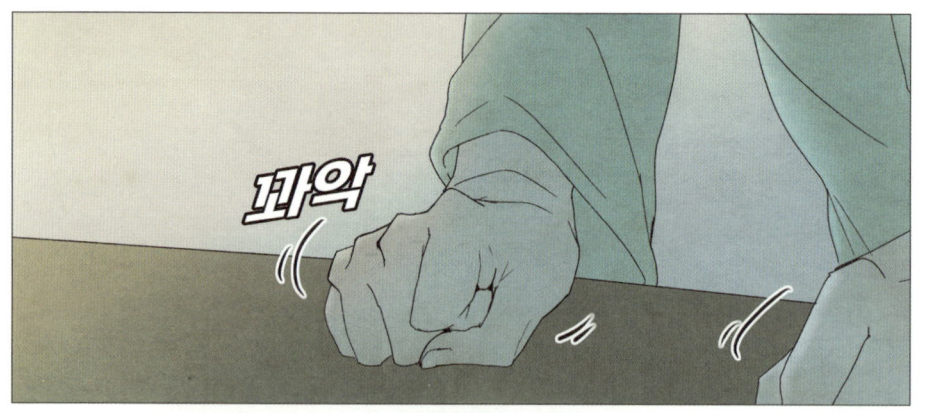

장 회장, 저 미친 새끼!

밥 먹으러 갑시다~

4화 갈림길

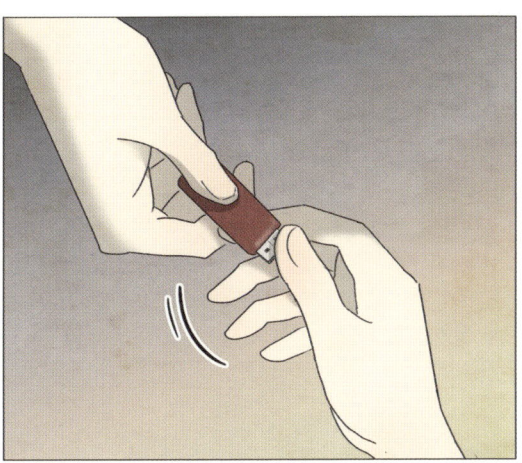

그럼 부탁 좀 할게요.

아… 저건 그냥…

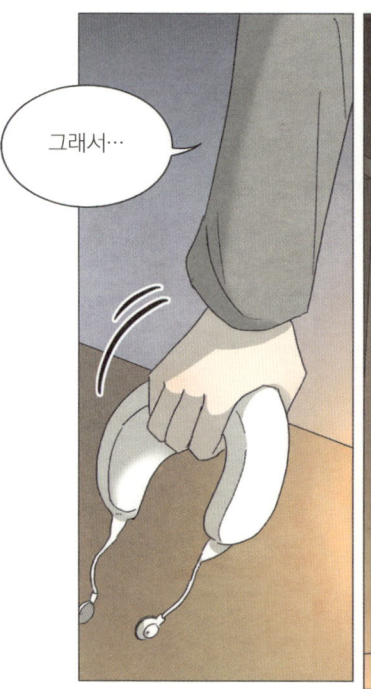

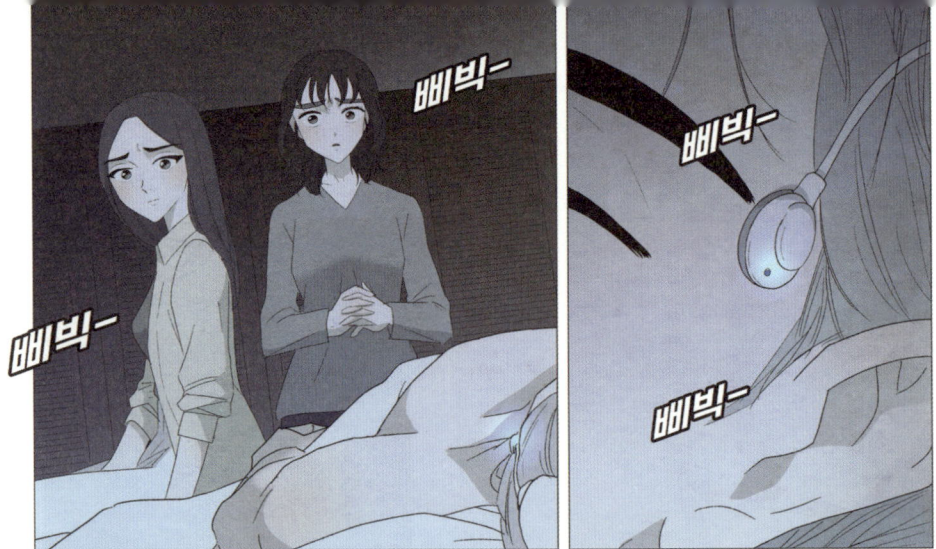
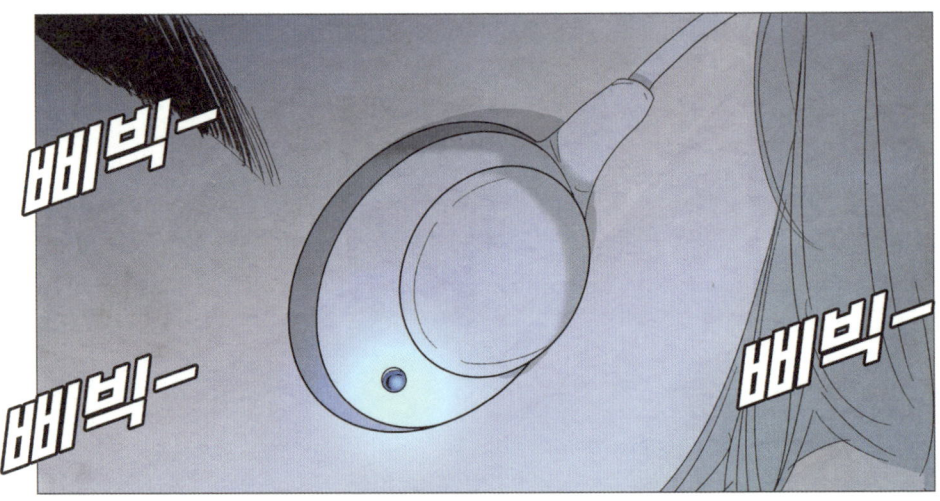

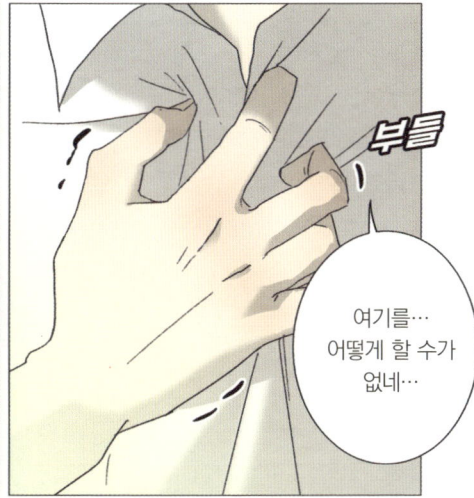

이건…
내가 당한 일이
아니고…

내가
저지른…

이 대표…
나 사실…

이 대표와
수연이에게…
아주…
큰 죄를
지었거든…

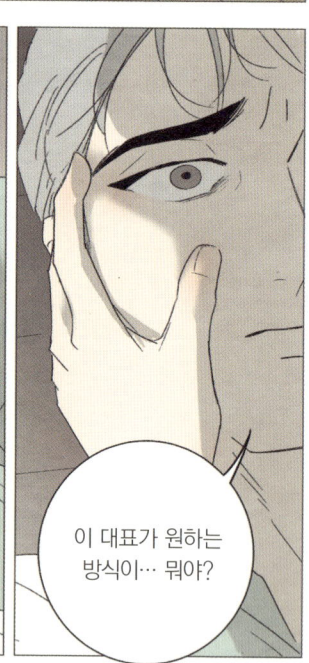

5화   내가 해냈는데

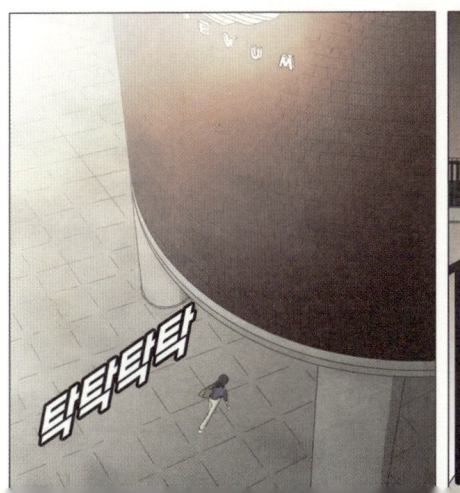

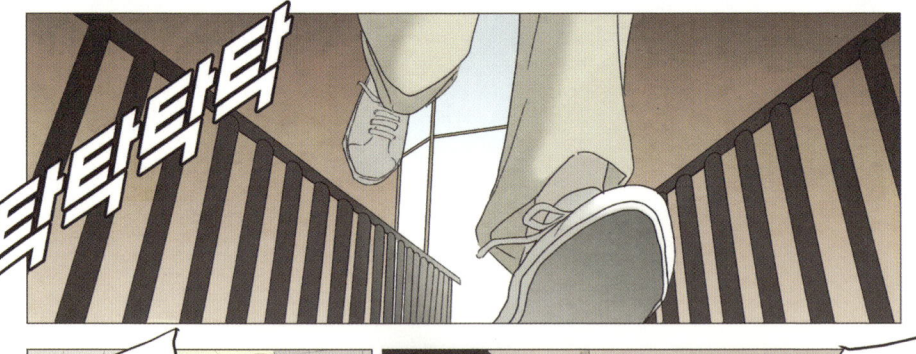

저벅

이 대표···
난 사실

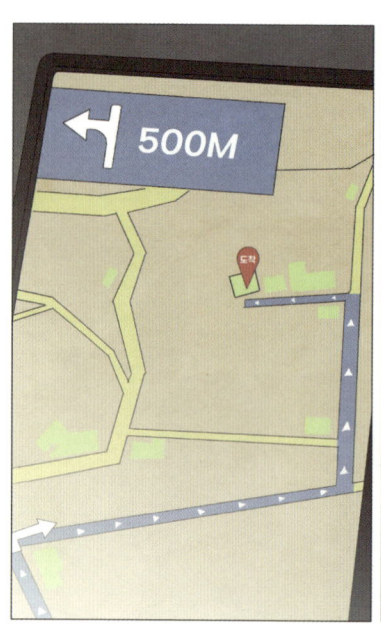

다음 소식입니다.

아주 혁신적인
신제품 출시를
앞두고 있다고 합니다.

국민 건강 밴드로
자리매김한 '스피릿'을
개발했던 회사 '에붐'에서

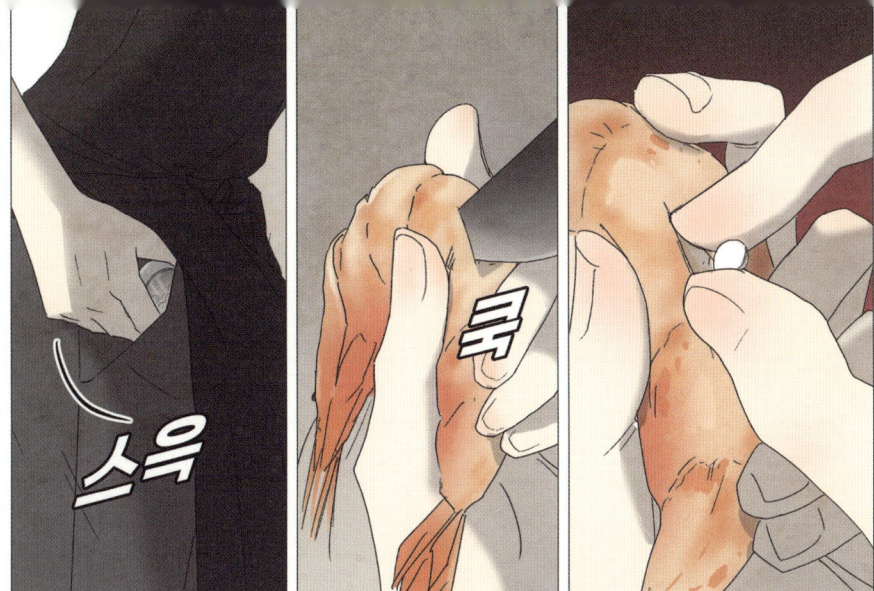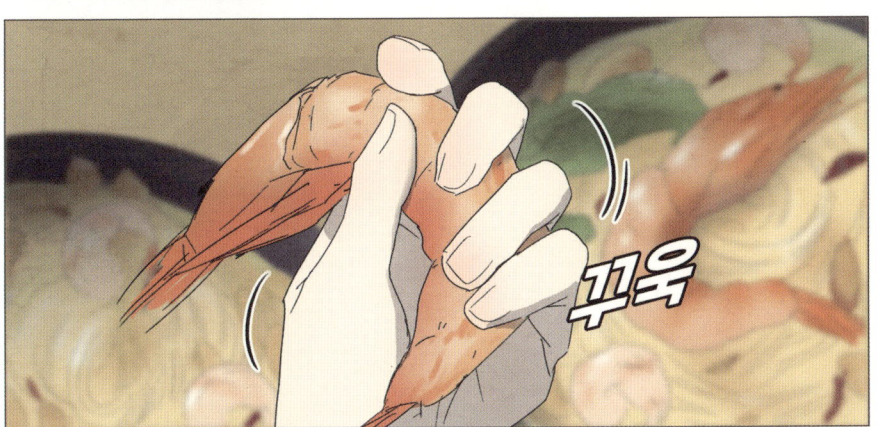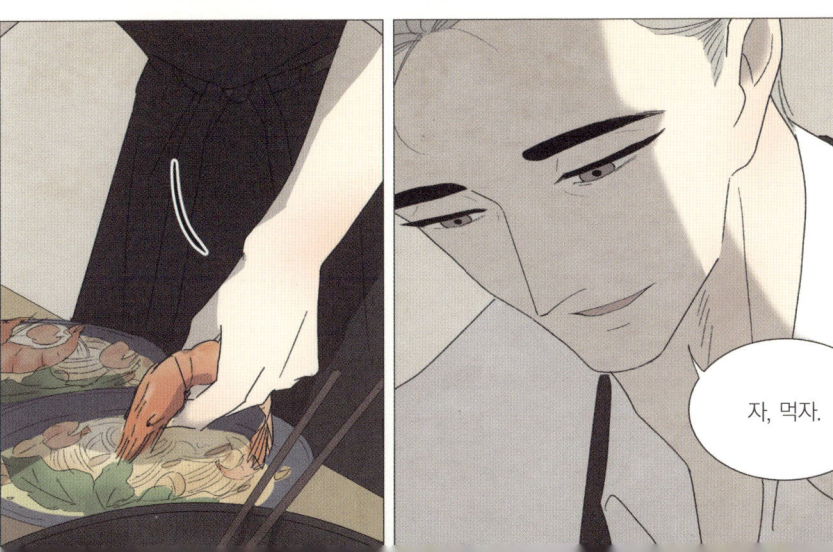

자, 먹자.

6화

고립

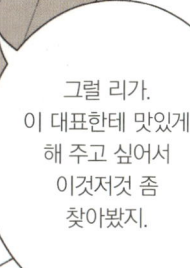

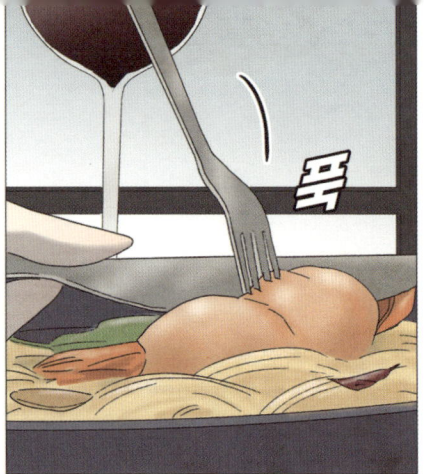

푹

아… 좋다…

나한텐 당신이…

내 인생에서 제일 끔찍한 인간인데…

지금 내 편은 당신밖에 없네…

망할 인간…

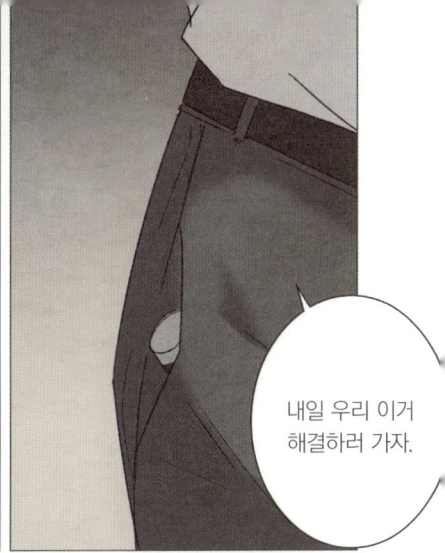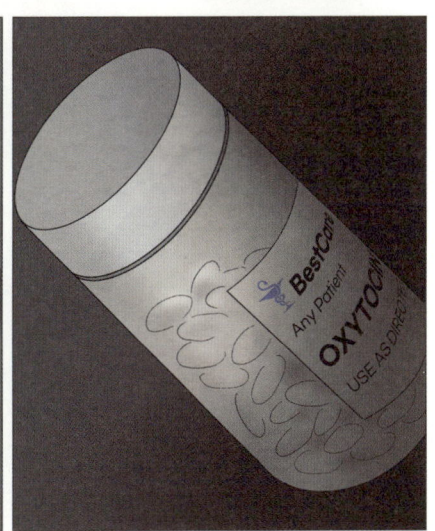

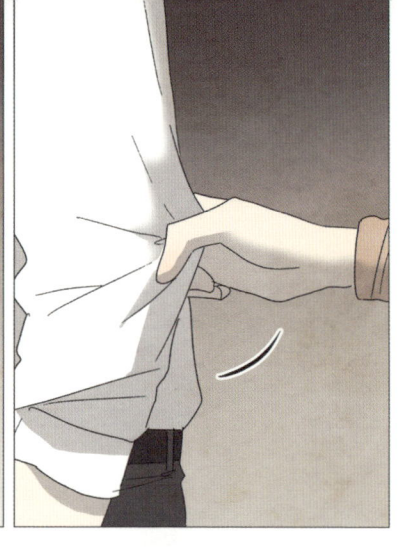

아… 저…

응?

아, 아니에요.

왜 손이 지멋대로…

변화시킬 수 있는 상황이 마련됐는데, 왜 냅둬?

대표님이야말로 이럴 거면 그냥 처음부터 복수나 하지 그러셨어요?

죄책감에서 도망칠 생각 없어. 그냥…

이제야 이 대표에게 진심인 거야.

내가… 포기하자.

이번 일요일 결혼식 날에요.

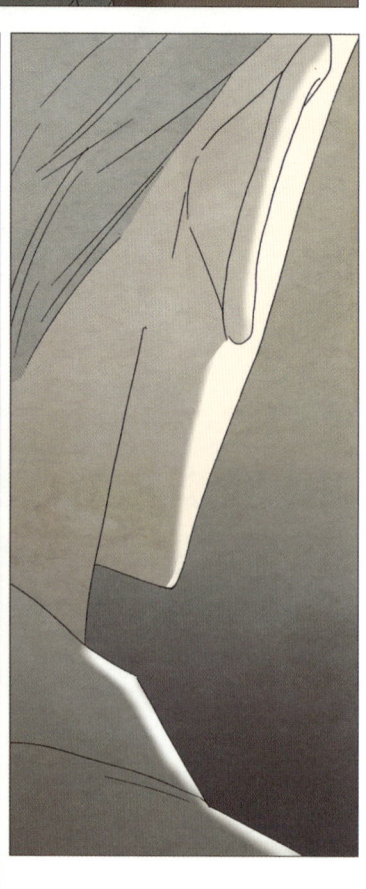

이도연 대표가 아빠를 처벌할 거예요.

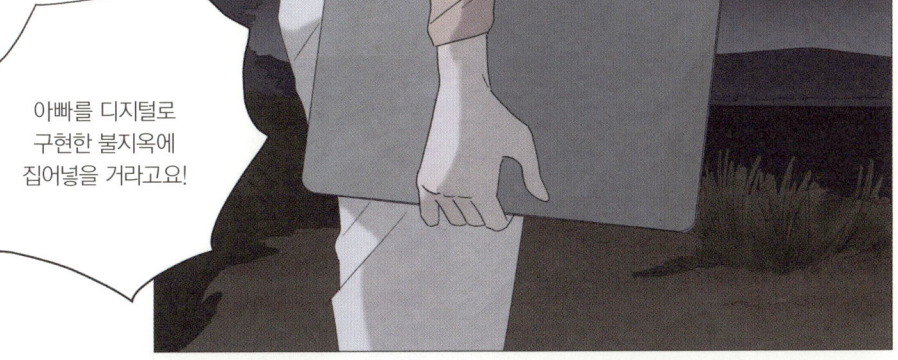

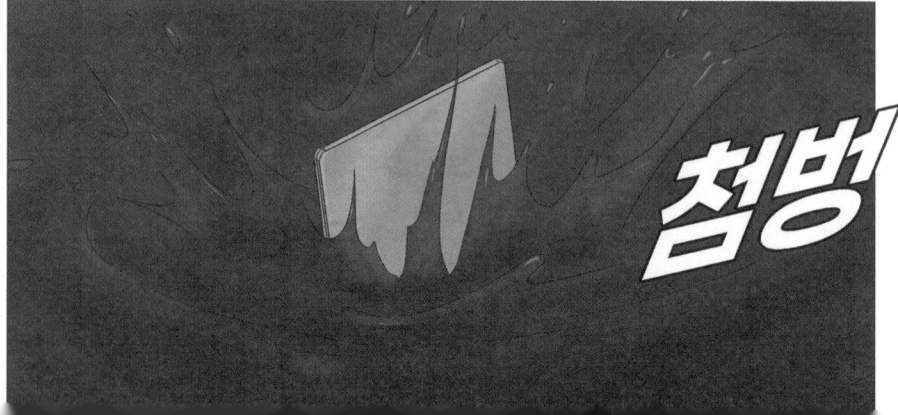

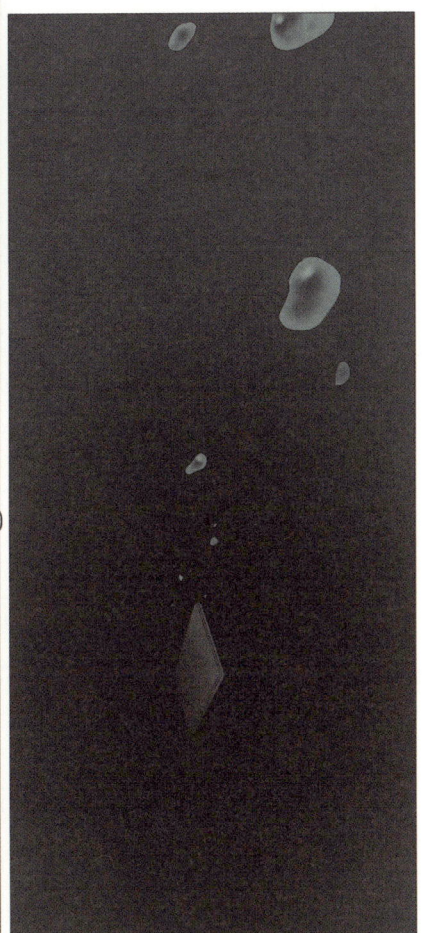

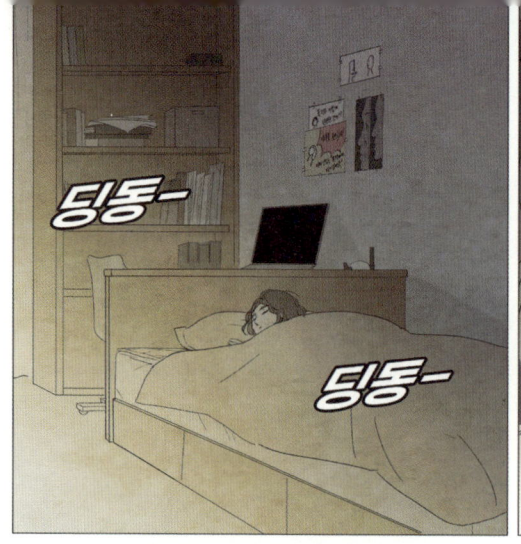

오, 오베드로 차 이동한다!

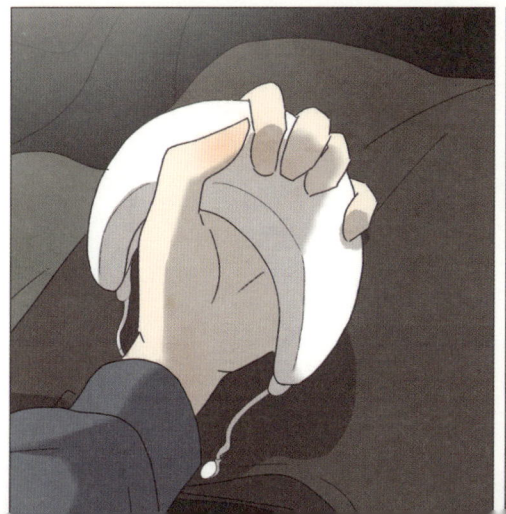

설마…
이도연
대표님을…?

7화

결혼식

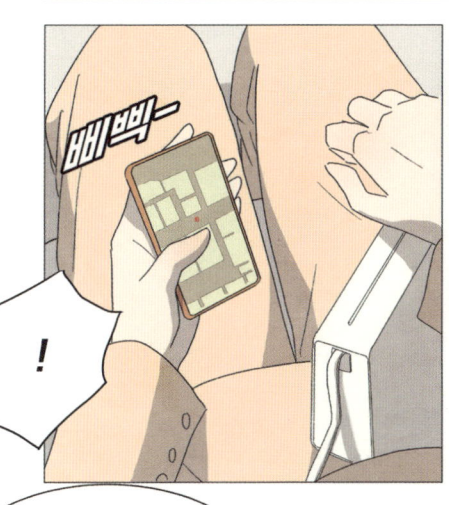

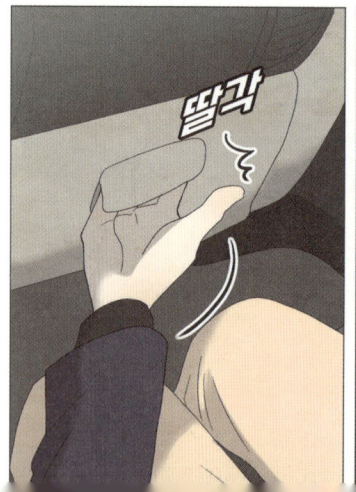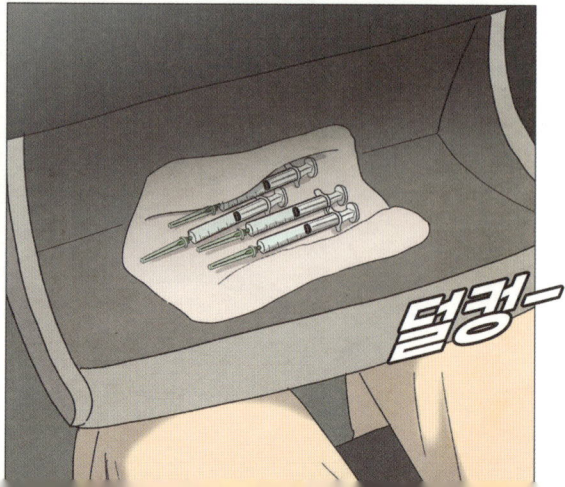

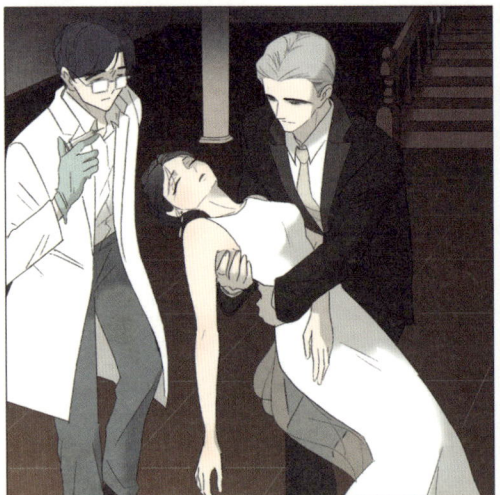

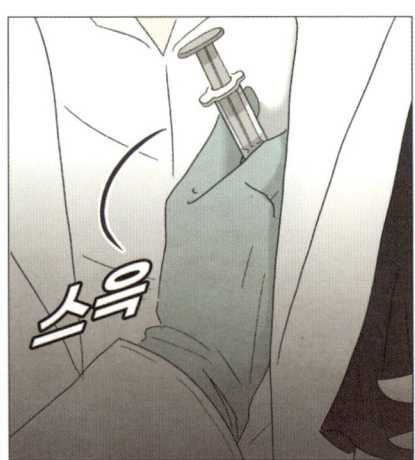

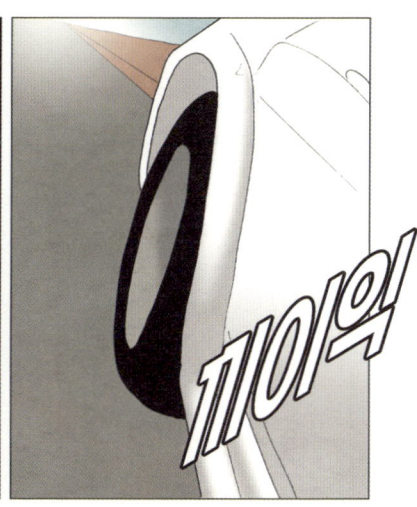

뭐야?
미쳤어?

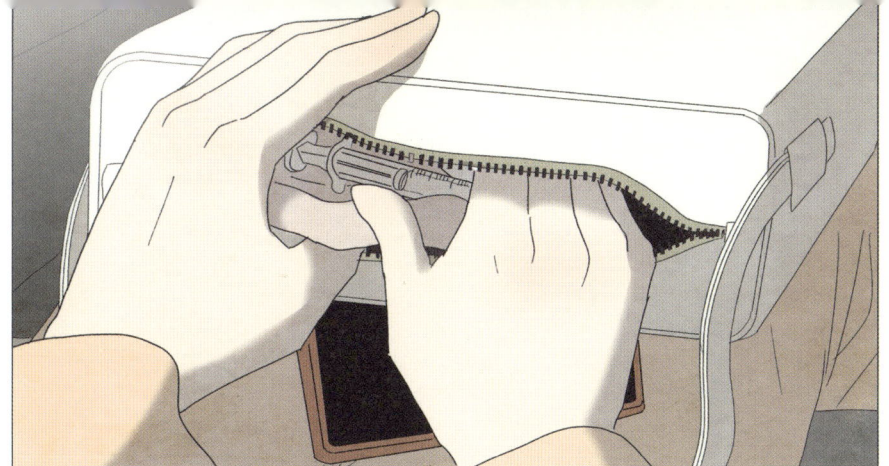

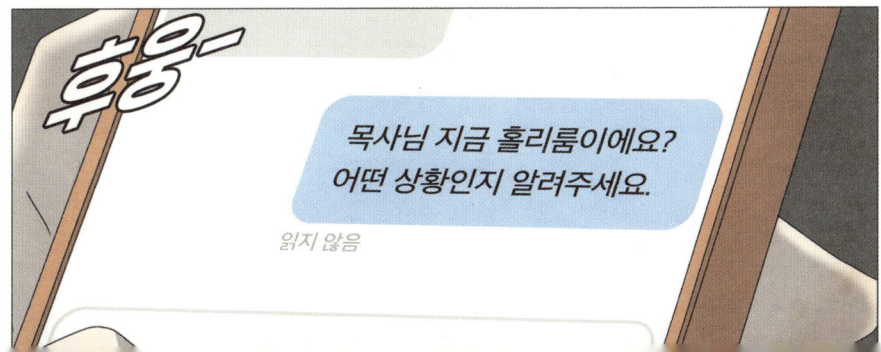

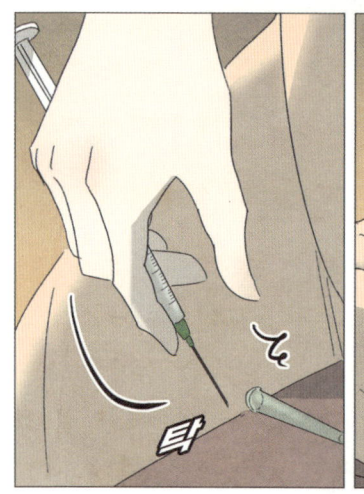

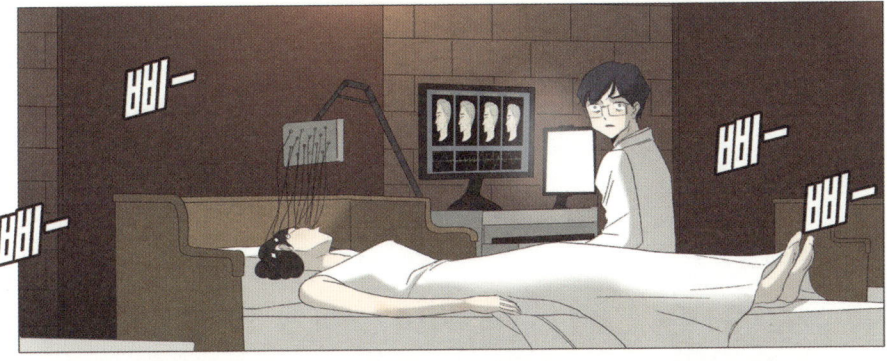

회장님, 이게 다… 뭐예요?

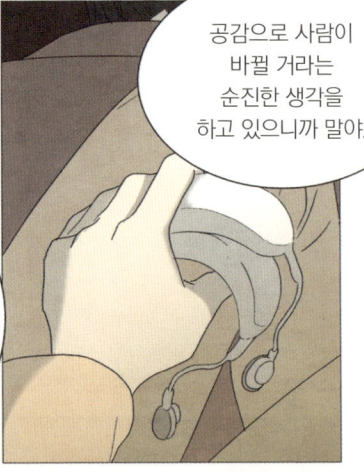

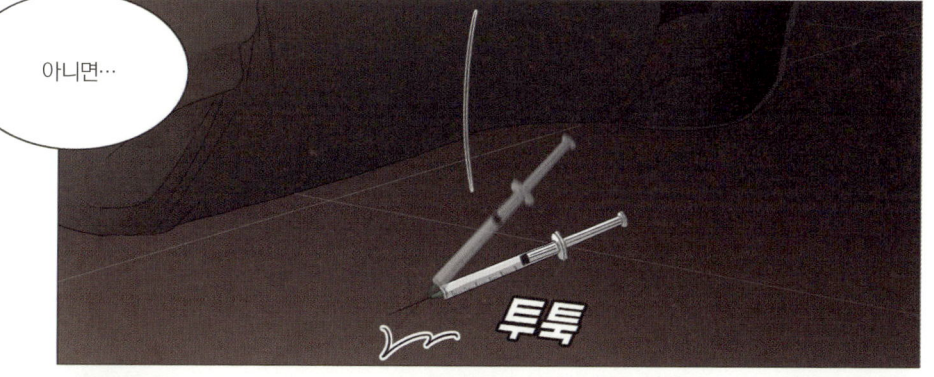

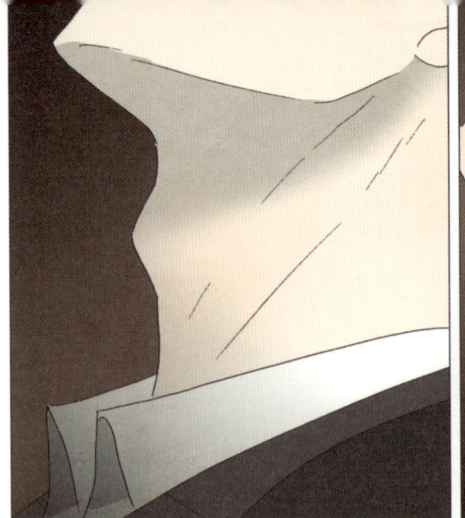
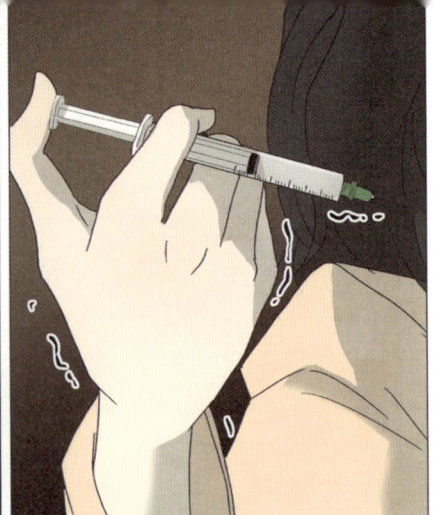
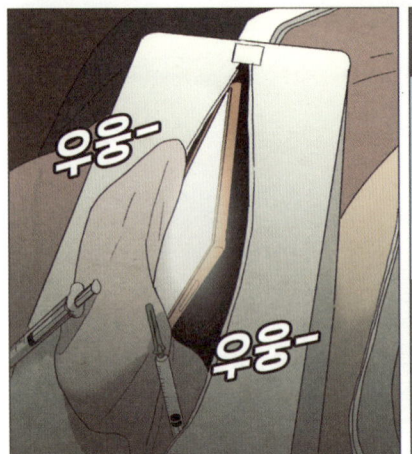

아니요.

윽!

이건 이도연 대표님을 구하기 위한

다라 씨는…

모순투성이야.

부우우웅-

8화

무너질지어다

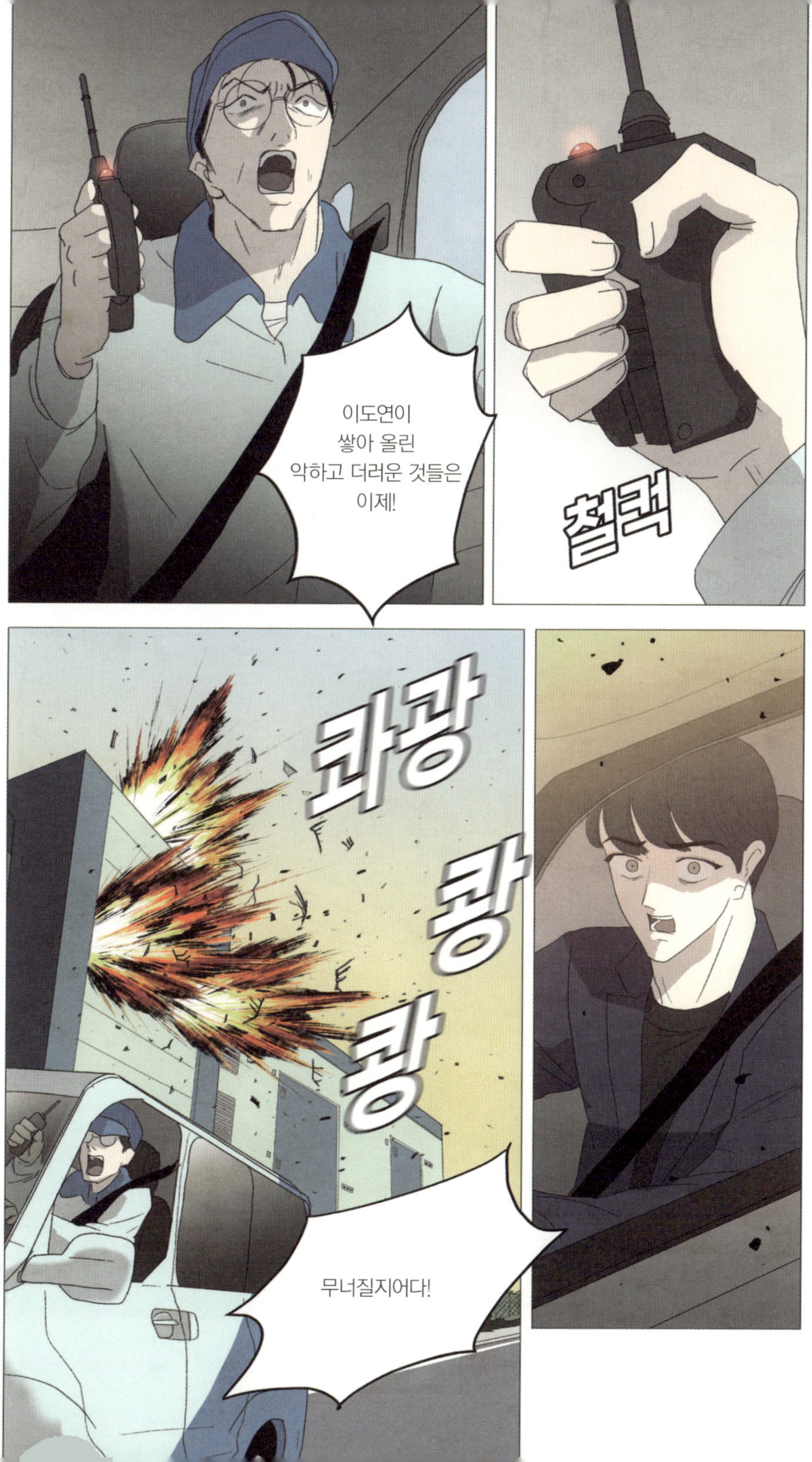
이도연이
쌓아 올린
악하고 더러운 것들은
이제!
철컥
콰광
쾅
쾅
무너질지어다!

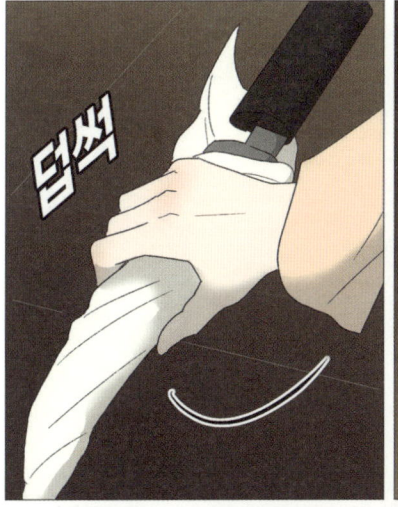

이 대표님 감정, 원래대로 돌려놔.

원래대로? 그건… 방법이 있을지 모르겠는데…

방법을 찾아.

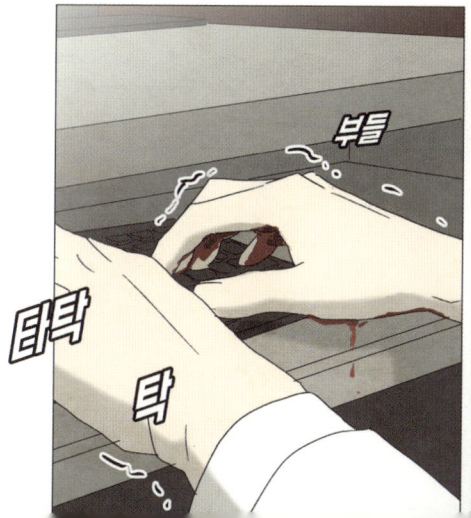

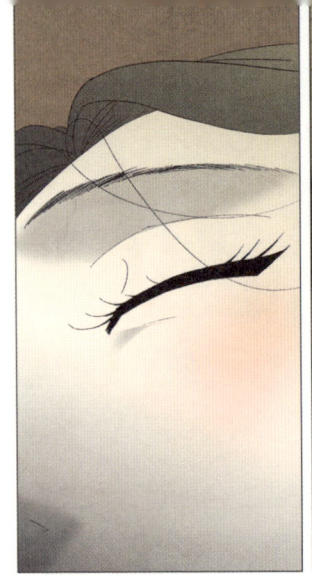

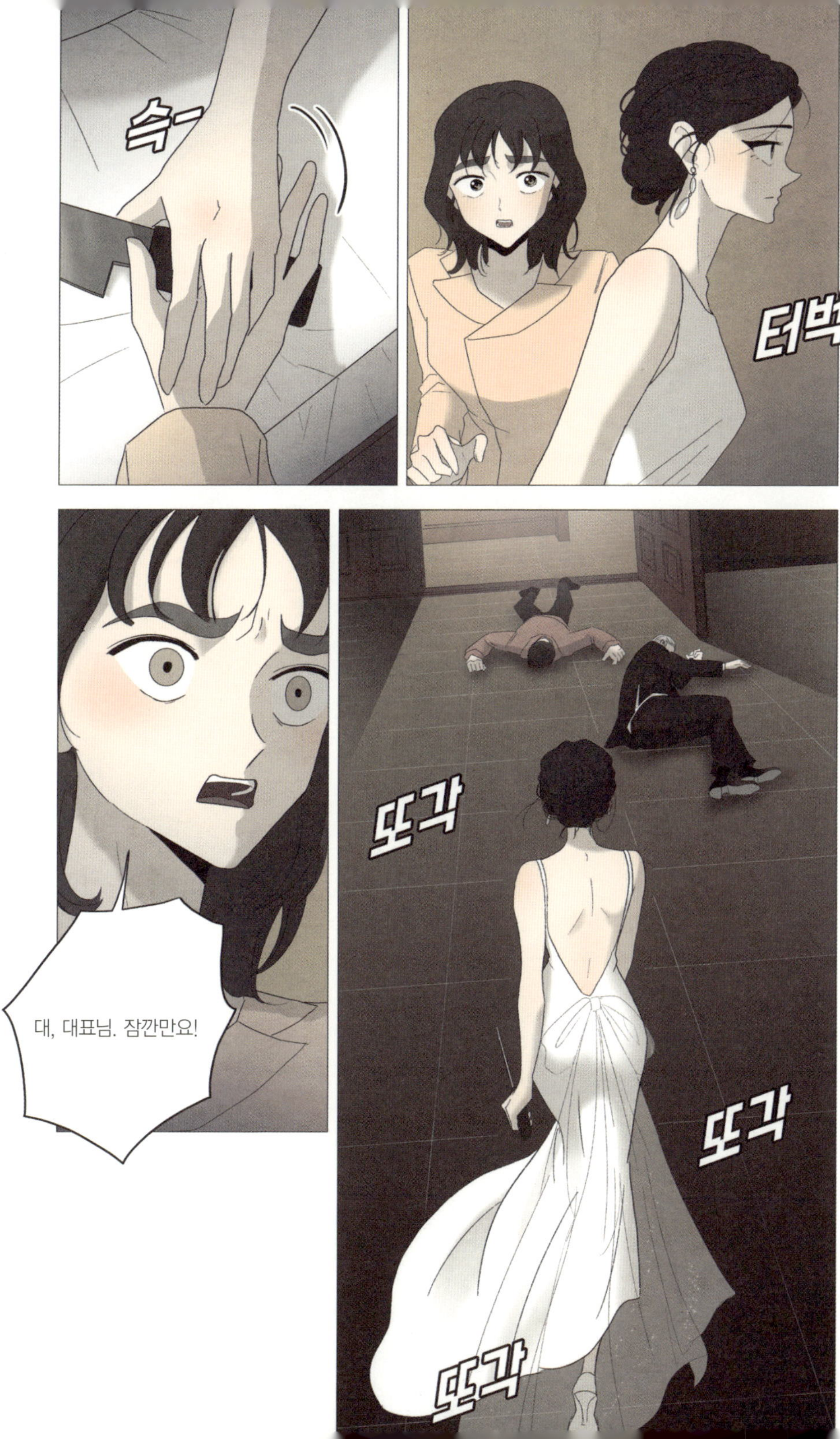

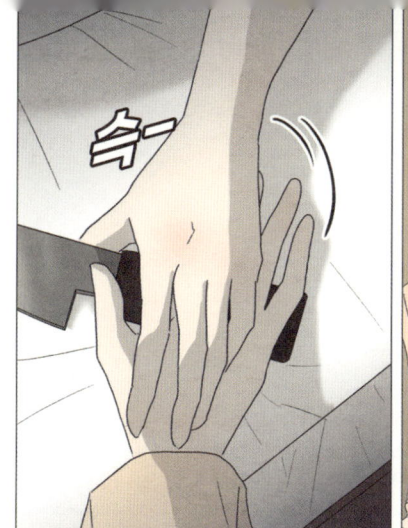

대, 대표님. 잠깐만요!

저 두 인간이 죽어서 갈 지옥이 반드시 있기를…

대표님, 저랑 같이 나가요…

같이 나가요… 우리 같이 꿈꿨던 세상이 있잖아요…

으흐흑… 이게 다 뭐예요…

흐으윽…

으…

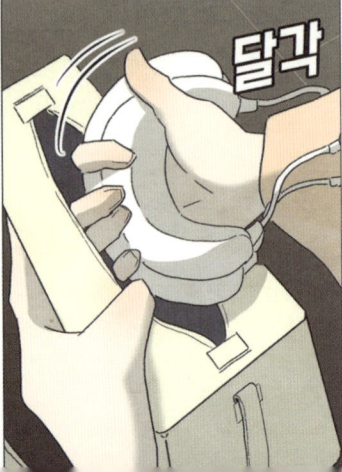

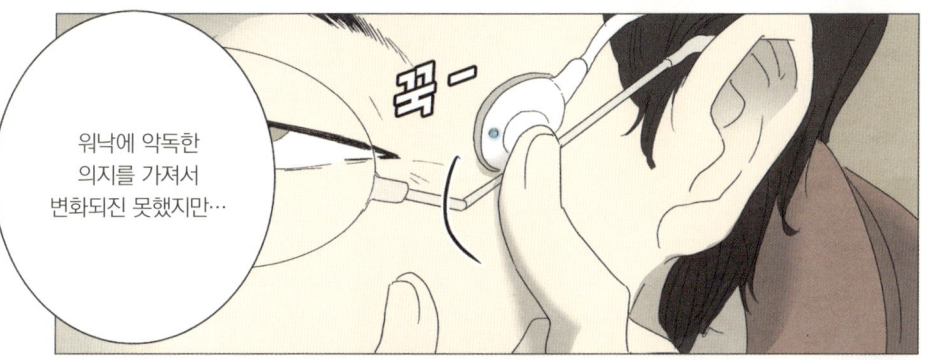

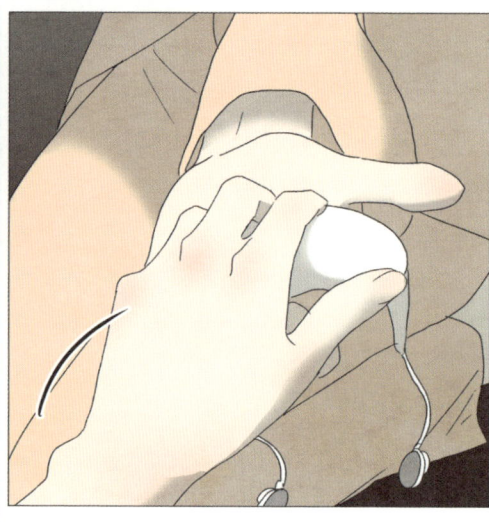

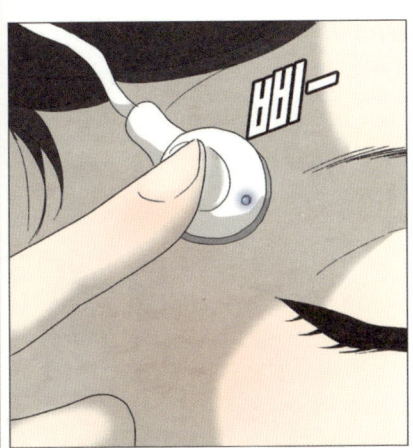

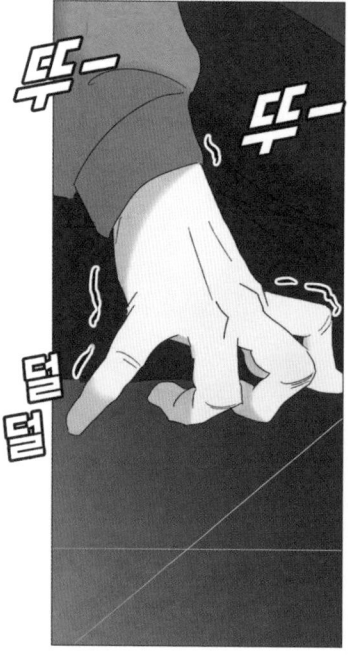

꾸욱

잘못…

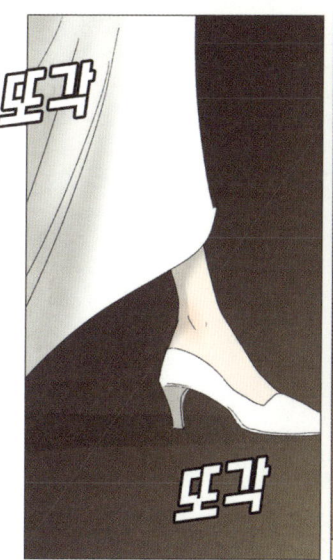

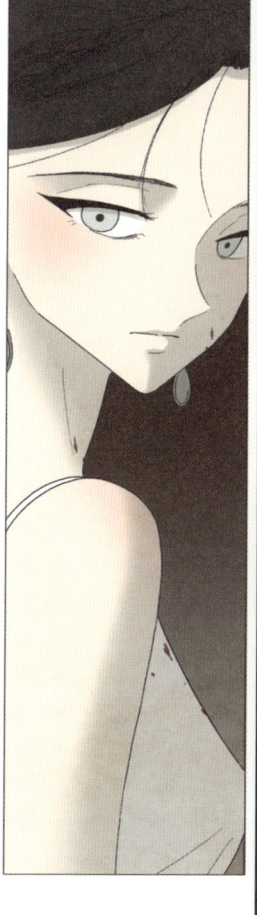

9화

거짓 세계

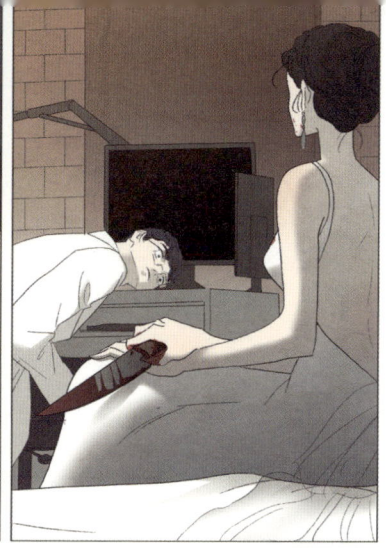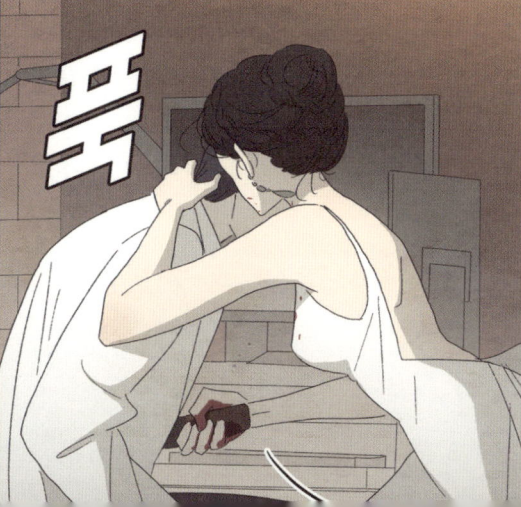

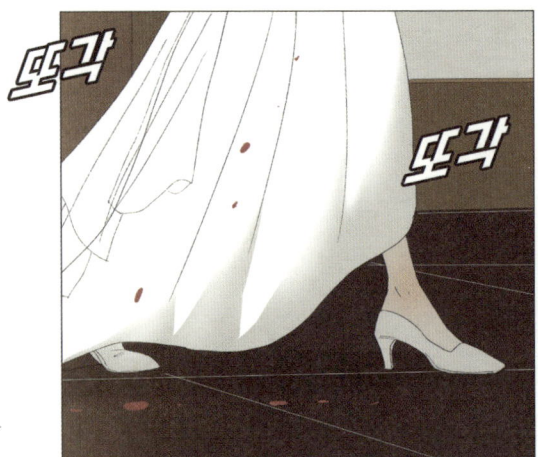

아빠…?

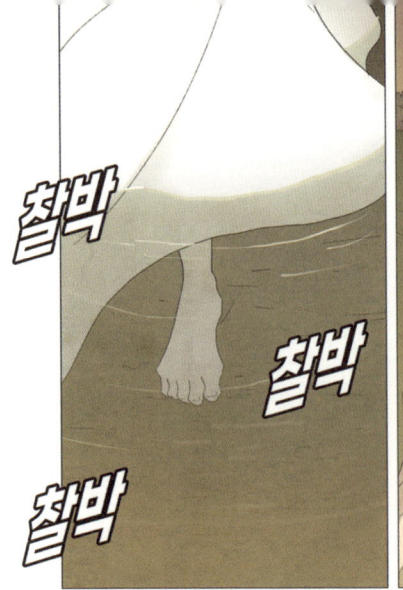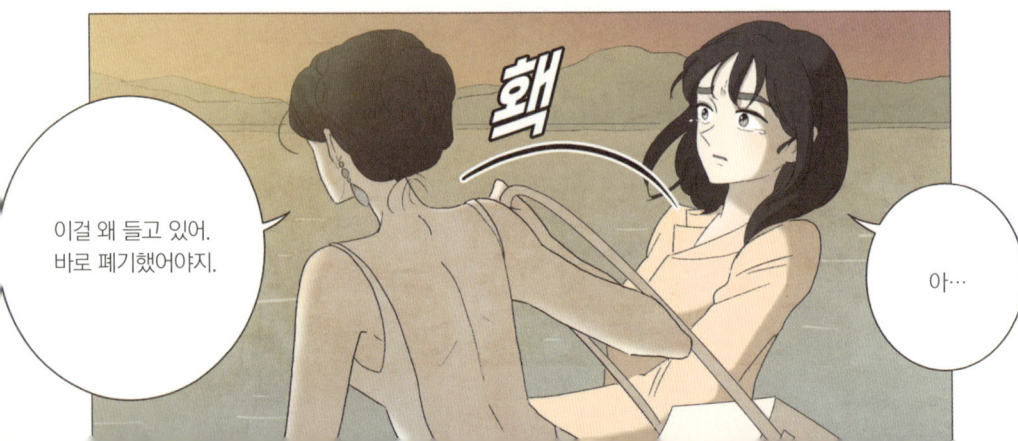

전 길을 잃었거든요!

…뭘 길을 잃어요.

다라 씨는 계시를 받은 사람인데.

제가 무슨 계시를 받아요…?

세상에 좋은 변화를 일으킬 힘을 가진 발상.

길을
잃은 게 아니에요.
길이 좀
구불구불할
뿐이죠.

걸어가요.
전 그만
내버려두고…

다라 씨가
걷는 동안은…

다라 씨는 계속
제 편인 거예요.

으흑...

ㅇㅇㅇ...

으흐으...

에붐 물류
창고를 폭파한
오베드로 집사는
체포되었고

경찰은 에붐에서
일어난 살인 사건을
조사했다.

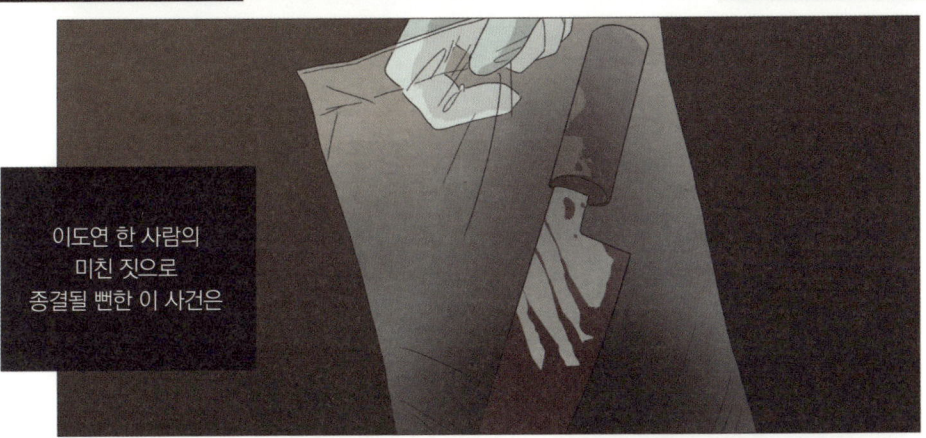

이도연 한 사람의
미친 짓으로
종결될 뻔한 이 사건은

디모데의
증언으로
조사 규모가
커졌다.

디모데는 장 회장 옆에서
보고 들었던 모든 걸 증언했다.

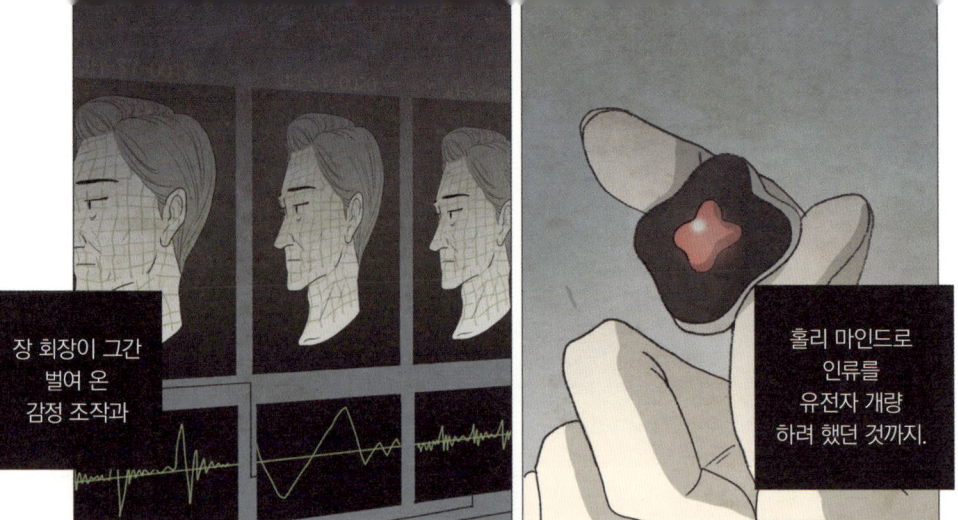

장 회장이 그간 벌여 온 감정 조작과

홀리 마인드로 인류를 유전자 개량 하려 했던 것까지.

그것은 에븀이라는 회사가 문을 닫는 데 결정적인 증언이 되었다.

딩동-

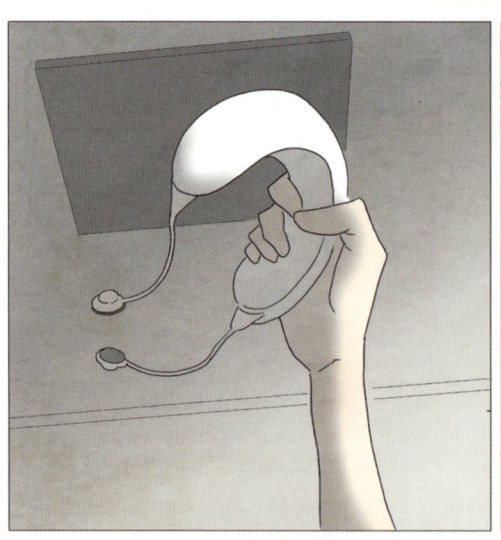

'노시보 효과'라는 게 있대요.

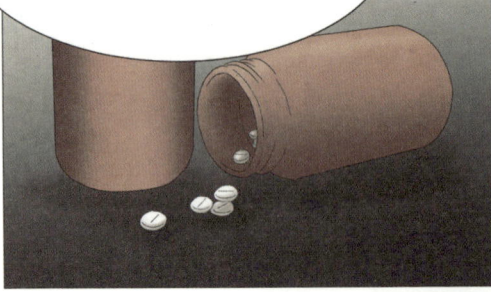

어떤 약이 해롭다고 믿으면 실제로는 무해함에도 정말 해로운 영향을 주는 현상이래요.

'플라시보 효과'의 반대 개념이죠.

깨끗한 지하철역보다 더럽고 낙서 가득한 역에서 범죄가 더 많이 일어나는 것처럼.

세상은 원래 악하고 더럽다는 인식이 강한 사회일수록, 악한 자들이 더 활개 칠 수 있어요.

그런 생각을 하니…
제가 목사로서
해 왔던
많은 말들이…

후회됐어요.

문제 앞에서,
세상은 원래
악해…라며
체념하게 하고…

폭력 앞에서,
인간은 원래
죄인이야…

그렇게
뒷걸음질 치게
만들고.

…미안해요.

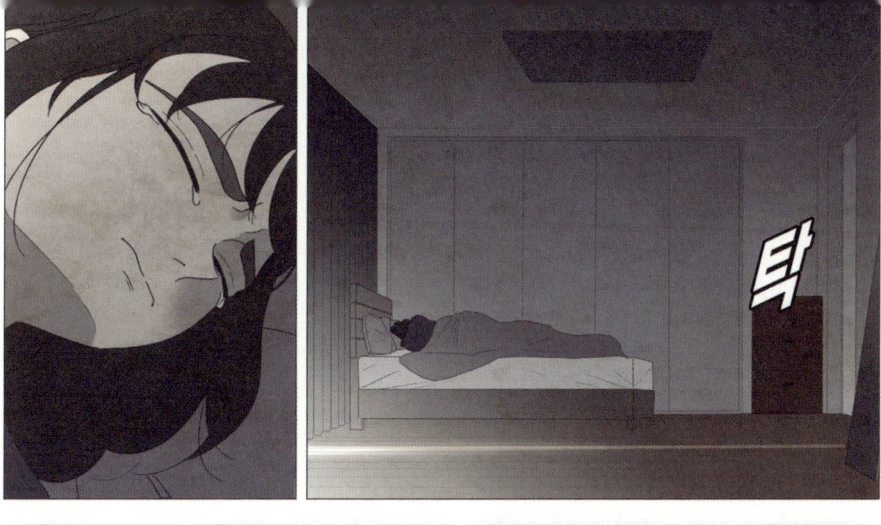

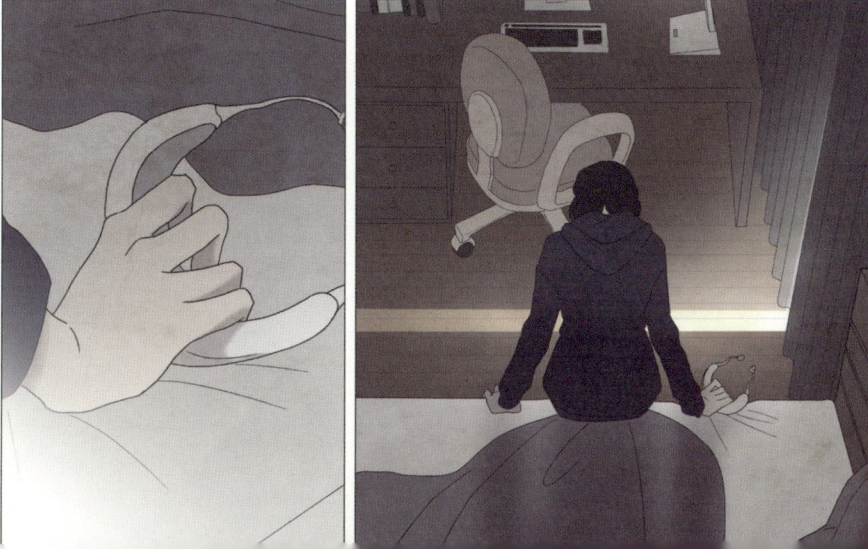

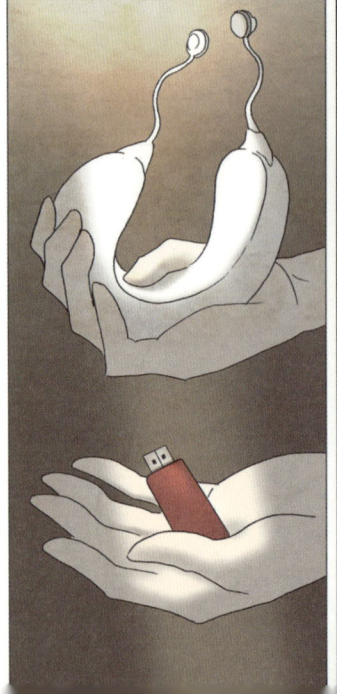

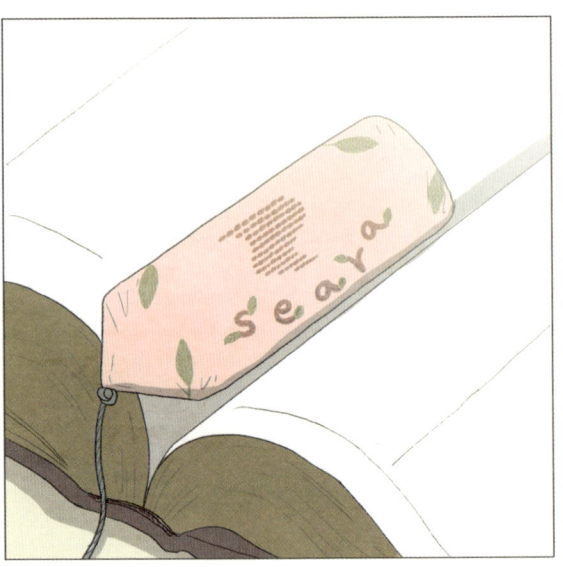

주

1. Patty Van Cappellen, Baldwin Way, Suzannah Isgett, Barbara Fredrickson, "Effects of Oxytocin Administration on Spirituality and Emotional Responses to Meditation", *Soc Cogn Affect Neurosci* (October 2016).
2. Jorge Barraza, Paul Zak, "Empathy Toward Strangers Triggers Oxytocin Release and Subsequent Generosity", *Annals of the New York Academy of Sciences* (2009).
3. Paul Zak, "Trust, morality -- and oxytocin?", TEDGlobal (2 November 2011), https://www.ted.com/talks/paul_zak_trust_morality_and_oxytocin.
4. Carsten De Dreu, Lindred Greer, Gerben Van Kleef, Shaul Shalvi, Michel Handgraaf, "Oxytocin Promotes Human Ethnocentrism", https://www.pnas.org/doi/epdf/10.1073/pnas.1015316108.
5. Frans de Waal, "Putting the Altruism Back into Altruism", *Annual Review of Psychology* (2008), 279-300면. 박진영, 「동아사이언스」, "이타심의 탄생", https://m.dongascience.com/news.php?idx=29898에서 재인용.

영생을 주는 소녀 3

초판 발행_ 2024년 11월 11일

글쓴이_ 김민석
그린이_ 안정혜
펴낸이_ 정모세

펴낸곳_ 한국기독학생회출판부
등록번호_ 제313-2001-198호(1978.6.1)
주소_ 04031 서울시 마포구 동교로 156-10
대표 전화_ (02)337-2257 팩스_ (02)337-2258
영업 전화_ (02)338-2282 팩스_ 080-915-1515
홈페이지_ www.ivp.co.kr 이메일_ ivp@ivp.co.kr
ISBN 978-89-328-1777-4
      978-89-328-2304-1 (세트)

ⓒ 김민석, 안정혜 2024

책값은 뒤표지에 있습니다.
무단 전재와 복제를 금합니다.